본격 대결 과학실험 만화

내일은 실험왕 ㉓

본격 대결 과학실험 만화

내일은 실험왕 ㉓ 달의 대결

글 스토리 a. | **그림** 홍종현 | **감수** 박완규, 이창덕 | **채색** 이재웅, 손은주 | **사진** POS 스튜디오, Wikipedia, 연합뉴스
찍은날 2013년 3월 20일 초판 1쇄 | **펴낸날** 2013년 3월 25일 초판 1쇄
펴낸이 김영진 | **본부장** 조은희
편집장 문영 | **기획·편집** 이영, 조한나, 이종미, 김은미, 김찬희 | **디자인** 이유리, 박지연, 김리안
펴낸곳 (주)미래엔 서울시 서초구 잠원동 41-10 편집 02)3475-3920 마케팅 02)3475-3843~4 팩스 02)541-8249
출판등록 1950년 11월 1일 제16-67호 | **홈페이지** www.mirae-n.com

ⓒ 스토리 a. · 홍종현 2013
부록으로 '달의 위상 변화 관찰하기' 실험 키트가 들어 있습니다.
저작권자의 동의 없이 무단 복제 및 전재를 금합니다.

ISBN 978-89-378-8406-1 77400
ISBN 978-89-378-4773-8(세트)

이 도서의 국립중앙도서관 출판시 목록(CIP)은 e-CIP 홈페이지(http://www.nl.go.kr/ecip)에서 이용하실 수 있습니다.
(CIP 제어번호 : CIP2013001532)

잘못된 책은 구입처에서 바꾸어 드립니다.
값은 뒤표지에 있습니다.

＊(주)미래엔은 대한교과서주식회사의 새로운 이름입니다.

본격 대결 과학실험 만화

내일은 실험왕 ㉓

글 스토리 a. | 그림 홍종현

아이세움
i-seum

등장인물

범우주

소속 새벽초등학교 실험반.

관찰 내용
- 현실에서 이루지 못한 바람을 꿈에서 맞닥뜨린다.
- 엉뚱한 행동으로 의도치 않게 원소와 허홍 사이에 불을 지핀다.
- 원소 팬클럽 회원들에게 좋은 일 하고도 눈총을 받는다.

관찰 결과 우주의 행동파 기질에 원소의 두뇌가 만나, 문제에 접근하는 새로운 길을 찾는다?

나란이

소속 새벽초등학교 실험반.

관찰 내용
- 원소 팬들에게는 언제나 경계 1호!
- 곱상한 외모 뒤에 숨겨진 엄청난 운동 신경이 드러난다.
- 허홍에게 괜한 오해를 산다.

관찰 결과 누군가를 함부로 의심하거나 넘겨짚지 않고, 자신이 믿는 것에 대해서는 어떠한 상황에서도 흔들리지 않는다.

강원소

소속 새벽초등학교 실험반.

관찰 내용
- 옴짝달싹 못하는 상황에서 얼떨결에 팬 미팅을 하게 된다.
- 허홍을 움직이는 법을 누구보다도 잘 알고 있다.
- 대책 없이 결코 섣불리 행동하는 법이 없다.

관찰 결과 허홍과 대립각을 세울 때조차도 그 안을 파고들어 보면, 깊은 애정이 숨겨져 있다.

하지만

소속 새벽초등학교 실험반.

관찰 내용

- 월식을 볼 생각에 우주의 절친 역할을 잠시 접었다.
- 시도 때도 없이 조는 우주가 신기할 따름이다.
- 우주의 행동에서 이상한 낌새를 제일 먼저 눈치챈다.

관찰 결과 기자 꿈나무답게 새로운 소식에 밝으며, 그에 따른 사전 조사 역시 철저하다.

허홍

소속 태양초등학교 실험반.

관찰 내용

- 란이를 볼 때마다 가시방석이다.
- 중요한 대결을 앞두고 연거푸 넘어지는 등 일진이 사납다.
- 원소의 그늘에서 완전히 벗어나고 싶다.

관찰 결과 불안하면 애써 더 강한 척을 하지만, 속이 훤히 보이는 것이 특징이다.

에릭

소속 한별초등학교 실험반.

관찰 내용

- 관중의 시선을 끄는 실험에는 단연 일가견이 있다.
- 음모에 가담할 것인가 도망갈 것인가, 아니면 맞설 것인가에 대한 고민의 답을 찾는다.

관찰 결과 실험은 이제 더 이상 자신의 만족과 즐거움을 위한 수단이 아니다.

❶  ❷  ❸

기타 등장인물

❶ 우승을 장담하는 **태양초 교장**.
❷ 번외 대결 진행을 맡은 **배우리**.
❸ 헛것이 보이는 듯 자꾸 아른거려 우주를 겁에 질리게 하는 **가설 선생님**.

제**1**화

달은 변덕쟁이!

척

척

로미오!

당신의 이름은 어째서 로미오인가요? 장미꽃을 다른 이름으로 부르더라도, 그 향기는 그대로인 것을. 부디 우리 집안과 원수 사이인 몬테규가의 이름을 버리고 나와 함께해요!

앗

끙...

허

허

허

불쑥

깜짝

물론이오, 줄리엣!

내 사랑을 저 달에 맹세하오!

척

이 밤을 밝히는 저 달을 두고!

달의 모양이 변하는 것도, 월식이 생기는 까닭도 모두 달의 공전에서 비롯된 거야.

설마 모르고 있었냐?

모르긴!

알고 있거든!

달이 스스로 도는 거 아냐! 이렇게!

빙그르르

어때? 제대로 알고 있지?

그건 자전이고……!

어질

이게 자전?

그럼 공전은 뭐지?

어질

지난번에 달의 모양 변화를 설명하면서 얘기한 걸로 아는데?

그랬던가?

달의 움직임으로 인해~.

달의 모양이 변하는 건,

기억이 나는 것도 같고……

그때 그 이야기인가?

쿡…

아하하, 잠깐 졸았더니 바로 생각이 안 나네. 이런 게 버퍼링이라는 거지?

하하하

그래서 실험을 꼭 해 봐야 한다니까. 그럼 바로 생각났을 텐데!

도서관에 다녀온다고 했잖아. 우리랑은 저녁에 다시 모이기로 하고.

날 깨웠어야지! 나만 못 들었잖아!

그러니까 누가 아무 때나 졸래?

그럼 이제 시작해도 되지?

아까 네가 제자리에서 돈 건 일종의 자전이야.

천체가 고정된 축을 중심으로 스스로 회전하는 거지.

자전의 중심이 되는 축

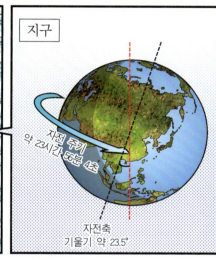

지구

자전 주기 약 23시간 56분 4초

자전축 기울기 약 23.5°

그럼 공전은?

공전은 한 천체가 다른 천체를 중심으로 그 둘레를 일정한 주기로 도는 거야.

중심이 되는 천체

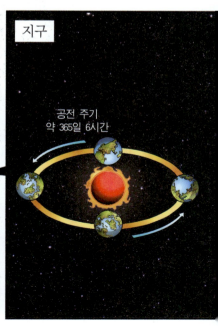

지구

공전 주기 약 365일 6시간

17

완벽히
터득했어!

이게
자전이고,

이게 바로
공전!

태양을
중심으로
뱅뱅~!

태양

지구

회전의 중심이
내가 되면
자전!

회전의 중심이
다른 물체가 되면
공전이라는 거지?

맞아, 그리고
달은 지구를
중심으로
공전을 하지.

나도
알아. 이렇게
도는 거
아냐?

지구

달

그뿐 아니라 태양도 은하계를
중심으로 공전하고 있어.

달에 지구에
태양까지……?

난 누구?

그러니까,

거대한 은하계의
보이지 않는 힘이
태양의 공전을
이끌고,

지구는 그러한
태양 주위를
돌……!

가만!

실험은 핑계고, 너 나 똥개 훈련 시키는 거지?

나 골탕 먹이려고!!

스윽

난 너한테 돌라고 한 적 없는데?

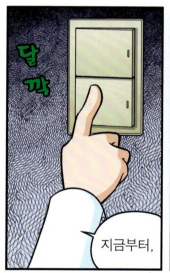

달깍

지금부터,

이곳은 우주야.

깜 깜 . . .

그리고 이것은 태양!

태양은 태양계의 중심이 되는 항성으로, 스스로 빛을 내지.

이것은 우리가 살고 있는 지구!

지구는 태양에서 세 번째로 가까운 행성으로, 항성인 태양 둘레를 공전해.

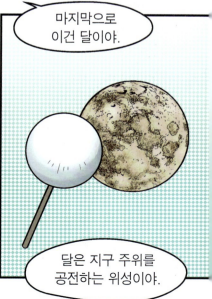

마지막으로 이건 달이야.

달은 지구 주위를 공전하는 위성이야.

태양, 지구, 달이 항성, 행성, 위성이라고?

특성에 따라 모두 다르구나.

달은 이렇게 지구 주위를 공전하는데,

지구 어디에서 봐도 둥근 태양과 달리, 달은 다양한 모양으로 관측돼. 그건……

꿀꺽

설마 진짜 변덕이 심해서……?

스스로 빛을 내지 못하기 때문이야.

뭐? 빛?

휘 영 청~

찌릉

찌릉

찌릉

이런 건조한 친구를 봤나! 달빛을 소재로 한 이야기가 얼마나 많은데, 빛을 못 내다니!

우리가 밤에 보는 빛은 달에 태양 빛이 반사된 거야.

지구 둘레를 공전하는 달이 지구와 태양 사이에 위치해 지구에서 달을 관찰할 수 없는 상태인 삭!

진짜 달이 어둡게 보여!

스윽

약 3~4일 후에는 달의 공전으로 태양 빛을 받는 면이 드러나 초승달이 관측돼. 그리고 약 8~9일 뒤에는 오른쪽 면이 밝은 상현달이 되지.

보인다! 초승달이야!

보름째 되는 날에는 태양과 지구, 달이
일직선에 위치하면서 달의 반구가 온전히
보이게 돼. 이때를 망이라고 하지.

보름달이
됐어!

약 23~24일이 지나면 왼쪽이 밝은
하현달, 한 달이 다 될 무렵에는 그믐달이 돼.
그 후에는 다시 달을 볼 수 없게 되는 거야.

스윽

대단해!

완벽해! 내가 매일 봐 오던 달의 모양이야!

이것이 달의 공전이구나……!

달은 이렇게 다시 삭을 지나 초승달, 상현달, 보름달, 하현달, 그믐달 순서로 차고 이지러져!

둥…

달이 지구를 한 바퀴 도는 데 걸리는 시간, 즉 공전 주기는 약 27.3일이고.

찰 칵

잠깐만! 달의 모양을 보고 만든 음력 달력은 한 달이 29일, 혹은 30일이잖아?

태음력: 달이 지구를 한 바퀴 도는 시간을 기준으로 만든 역법

아, 그건 지구의 공전 때문이야. 달이 공전하는 동안 지구도 태양 둘레를 공전하고 있어서, 약 2.2일의 차이가 발생해.

삭망월 (29.5일)

항성월 (27.3일)

그래서 망에서 다음 망까지, 삭에서 다음 삭까지의 시간을 약 29.5일로 봐. 음력 한 달의 날수로 29일과 30일을 번갈아 사용하는 건 이러한 이유지.

우리가 평소에 쓰는 달력이 음력이야? 아닌데, 29일은 4년에 한 번 오는 2월뿐인데!

이해했냐?

긁적 긁적

우끼…

그건 양력인가?

맞아, 양력이야.

지구가 태양을 공전하는 주기를 1년으로 만든 달력이 양력,

태양력

달이 지구를 공전하는 주기를 한 달로 만든 달력이 음력이야.

태음력

태음력은 달력과 계절의 변화가 맞지 않아 농사를 짓게 되면서부터는 태양력이 발전했어. 하지만 조석 현상이 잘 맞아 해안가에서는 여전히 많이 이용되고 있지.

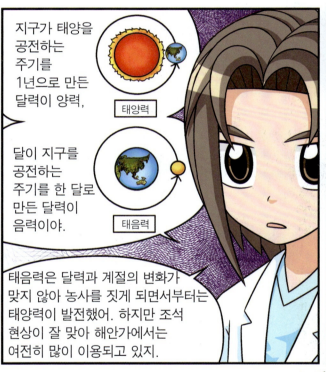

조, 조석 현상이라면……

그건 확실히 실험을 했을 텐데!

달의 인력으로 달을 마주 보는 곳은 해수면의 높이가 높아지고……

만조

간조

하하하하

생각났어! 파력 발전기 실험!

맞지?

달의 인력으로 달을 마주 보는 곳은 해수면이 높아져 만조가 되고, 달과 수직을 이루는 지역은 해수면이 낮아져 간조가 된다!

맞지?

흠…

빨리도 생각났다……!

그러고 보니, 태음력에 조석 현상까지…….

달도 태양 못지않게 지구에 큰 영향을 주는구나.

밤길도 어두웠을 테고.

월식 같은 아름다운 광경도 없었을 테니 말이야.

물론이지!

철컥

만약 달이 없었다면 지구는 지금과 같은 모습이 아니었을 거야.

저벽

철컥

저벽

저벽

저벽

저벽

그뿐 아니야.

달은 태양계에서 다섯 번째로 큰 위성이야. 행성의 크기에 대비해서 봤을 때는 가장 크지.

그만큼 달이 지구에 미치는 인력은 커. 지구 자전축이 흔들리지 않는 것도 이 때문이지.

만약 지구가 화성처럼 자전축의 기울기가 쉽게 변한다면,

태양으로부터 받는 열의 양이 달라져 기후 변화가 심했을 거야. 실제로 화성엔 빙하기가 잦거든.

그 신비로운 힘 때문에 예로부터 달은 연구의 대상이었지!

탁

그 꿈은 분명 계시였던 거야.

아하! 이제 알겠어!

무슨 소리야?

실험 사고로 머리가 홀랑 타 버리고,

모두 내탓이다

그 사건으로 선생님이 떠났잖아!

태양초에 굴욕 패배!

미래초와의 재대결까지!

거기다가 이젠 헛것까지 보여!

잘 생각해 봐!

갑자기 안 좋은 일들이 연달아 일어나고 있잖아!

실습실B

……

그런데 방금 이 모든 것을 해결할 방법이 떠올랐어!

두둥

해결할 방법?!

우리도 선조들의 지혜를 빌려, 달을 이용하는 거야!

훗…

그건 바로…….

정화수를 떠 놓고,

짠

휘 영 청

진심을 다해 달에 소원을 비는 거야!

액운을 떼어 달라고!

그럼 달이 모두 해결해 줄 거야!

비나이다~.

비나이다~.

두둥실~

보름달이 뜨면!

참, 너답다~!

빠직

끼억···

그러는 넌 무슨 방법이라도 있다는 거야?

······

저벅

저벅

모든 일에는 원인이 있어. 그냥 일어나는 법은 없지.

우연으로 보이는 일에도 모두 인과 관계가 있어.

이 사건의 배후에도!

그걸 찾을 수만 있다면······.

원인이 나타날 때까지 가만히 기다리고 있으면 누가 해결해 준다냐?

그건 진정한 실험인의 자세가 아니지!

멈칫

흥!

?!

야, 달에 기도하는 게 훨씬 더 비과학적이거든!

캭

내 말뜻은 그게 아니라고!

실험은 시도야! 조금의 가능성만 있으면 뭐라도 해 봐야지! 그래야 우리가 세운 가설이 맞는지, 아니라면 적어도 왜 그런 차이가 발생하는지 알 거 아냐!

궁금하면 찔러 보고,

뒤집어 보고,

굴려 보고,

만져 보고,

바꿔 보고,

다시 한 번!

팔짱 끼고 구경만 해서는 어떤 결과도 얻을 수 없어!

아무런 대책 없이 일만 벌인다고 해결되진 않아.

도리어 일을 그르칠 뿐이야.

후후후

망치는 게 무서우면 실험은 못 하는 거지. 그렇게 겁이 나면 이 형님한테 의지하든가!

29

아무리 실험을 해 봐도 풀리지 않는 가설이 있어!

풀리지 않는 가설?

실험의 전제가 잘못된 경우!

그때는 네가 무슨 짓을 해도,

그 어떤 방법을 쓰더라도!

결과를 얻을 수 없어.

달의 감춰진 면을 볼 수 없는 것처럼!

감춰진 면……?

보아 하니…….

무슨 말인지 영 모르겠다는 표정이군.

30

스윽

실험 1 달 표면 관찰하기

천체 망원경이 만들어지기 전까지 대부분의 사람들은 달의 표면은 둥글고 매끈할 것이라고 생각했습니다. 하지만 관측 도구가 발달하면서 드러난 실제 달의 모습은 얼룩덜룩하고 군데군데 움푹 파인 모습이었습니다. 그로 인해 달도 호수, 바다, 고원, 산맥 등과 같은 다양한 지형으로 이루어져 있다는 것이 밝혀졌습니다. 고해상도 달 사진을 통해 달을 자세히 관찰해 봅시다.

준비물 상현달·하현달·보름달 사진 , 반투명 종이 , 필기도구

❶ 보름달 사진 위에 반투명 종이를 올려놓습니다.

❷ 사진 속 달의 지형을 관찰하며, 반투명 종이 위에 그대로 따라 그립니다.

❸ 완성된 그림을 상현달과 하현달 사진 위에 올려 달의 표면을 더 자세히 비교해 봅니다. 또 밝은 부분, 어두운 부분, 움푹 팬 부분 등이 각각 어떤 지형일지 생각해 봅니다.

왜 그럴까요?

달의 표면은 크게 바다와 대륙 부분으로 나뉩니다.
빛의 반사율에 따라 어둡게 보이는 부분은 바다,
밝게 보이는 부분은 대륙입니다. 달의 바다는
지구의 바다와 달리 현무암질의 용암이 흘러나와
구덩이가 메워져 만들어진 거대한 평원으로 알려져
있고, 달의 대륙은 작은 돌들이 모인 암석으로
구성된 산과 같은 지형입니다. 대륙을 이루는 암석은
칼슘과 알루미늄 등이 많이 함유되어 있는 담회색의 사정석으로 구성되어 있어,
달의 바다보다 대륙이 상대적으로 더 밝게 보이는 것입니다. 또한 대륙에는 암석
충돌에 의해 생긴 운석구인 크레이터가 많은데, 그 이유는 높은 곳이 운석이
부딪히기 더 쉽기 때문이라고 합니다.

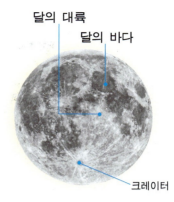

달의 대륙
달의 바다
크레이터

실험 2 달의 위상 변화 관찰하기

언제 어디에서 봐도 모양이 같은 태양과 달리, 달은 매일 모양이 변합니다.
어떤 날에는 눈썹 모양의 초승달이 밤하늘에 떠 있는가 하면, 어떤 날에는 둥근
보름달이 관측됩니다. 또 어떤 날에는 아무리 찾아봐도 보이지 않습니다.
한 달 동안 달을 관측하면서 달의 모양과 위치가 어떻게 변하는지 살펴봅시다.

준비물 카메라 📷 , 노트(관측 일기) 📒 , 필기도구 ✏️

좋았어!
바로 여기야!

❶ 정기적으로 달을 관측할 장소를
선정합니다. 이때 달이 잘 보이는
곳을 찾는 것이 중요합니다.

❷ 음력 1일부터 한 달 동안 매일 같은 시간에 달을 관측합니다. 계절에 따라 가을·겨울에는 7시경, 봄·여름에는 8시 이후가 좋습니다.

❸ 카메라로 달의 사진을 찍습니다. 이때 밤하늘만 찍지 말고 주변 배경도 함께 찍어야 달의 위치 변화를 알 수 있습니다.

❹ 한 달 동안 촬영한 달 사진을 관측 일기에 붙인 뒤, 달의 모양과 위치 변화를 살펴봅니다.

왜 그럴까요?

달은 약 한 달을 주기로 초승달, 상현달, 보름달, 하현달, 그믐달 순서로 모양이 변합니다. 이렇게 달의 모양이 변하는 것을 달의 위상 변화라고 하는데, 이는 달이 지구 주위를 돌기 때문입니다. 달은 스스로 빛을 내지 못하고 태양 빛을 반사시키기 때문에 태양과 지구, 달의 상대적인 위치에 따라서 달의 모습이 달라 보이는 것입니다. 실험처럼 한 달 동안 오후 7시경에 달을 관찰하면 초승달부터 보름달까지는 달이 서쪽 하늘에서 동쪽 하늘로 옮겨 가는 것을 볼 수 있습니다. 하지만 보름 이후에는 달이 늦게 떠서 오후 7시경에는 관찰이 어렵습니다.

제2화 엉뚱한 도전장

이번 대결에서 우리가 이기는 것은 정해진 결과다! 하지만 어떻게 이기느냐는 너희에게 달려 있지!

말도 안 돼! 이런 엄청난 일을 교장 선생님과 선생님이 꾸민 거라니!

에헴!

……

만약 지금 내가 알고 있는 게 사실이라면 이 대회는, 우리는 대체…….

터덜

터덜

어!

어어!

으악!

아…….

강원소 녀석 말이 맞았어!

누군가 이 대회를 휘두르고 있어!

그럼 에릭도 관계가 있다는 건데……?

부스럭

쳇, 알 게 뭐야!

탁 탁 탁

난 내일 대결만 신경 쓰면……

쿵

우수수…

너, 너까지 나한테 트집이냐? 안 그래도 충분히 복잡하거든~.

띵…

너희도 패배하기 싫을 테지?

쿡

나도 반드시 이기고 싶어! 하지만!!

이렇게 이기는 건 내가 원하는 게 아니야. 내가 원하는 건 실력으로 이기는 거야.

실험실로 돌아가야겠어!

잊자, 잊어! 난 모르는 일이야. 실험만 잘하면 그만이라고!

어?

우주가 사고 나던 날, 내가 실험실에서 나오는 걸 쟤가 봤어. 분명 날 의심하고 있을 거야!

잠깐만, 허홍!

저기······.

슈우우우우우

어쭈. 그래서 날 추궁하시겠다? 어디 마음대로 될 줄 알고? 어림 반 푼어치 없지!

쳇!

허훙!

뒤에!

펑

끄헉!

이게 무슨 소리야?

?

괘, 괜찮아?

내가 더 빨리 얘기해야 했는데……

탁 탁 탁

부들

부들

그걸 지금 말이라고 해?

미안, 다친 데는 없어? 양호실까지 같이 가 줄게.

벌떡

필요 없어! 누가 네 도움 필요하대?!

엄마야!

엄청난 강슛!

피해!

하마터면 또 다칠 뻔했네.

이게 다…….

너 때문이잖아. 네가 갑자기 말 거는 바람에 이렇게 된 거 아냐!

미안해. 일부러 그런 건 아니야.

치워! 네 속셈 모를 줄 알고?

속셈이라니?

너, 날 의심하고 있잖아!

실험실에서 날 봤을 때부터 쭉!

아니야,

나는……

?!

두두두두

동 작 그 만!

헉!

다 다 다 다

란이야, 넌 위험하니 저리 가 있어!

어?

배시시

허훙!

이젠 천사 같은 란이까지 따라다니며 괴롭히냐?

이 정도로 비겁한 녀석인 줄은 몰랐네!

돌변

난 네가 그런 엄청난 일을 저질렀다고 생각 안 해!

내가 아는 넌 욕심은 많지만, 누구보다도 실험을 좋아하는 친구거든. 그래서 난 널 믿어.

믿는다고?

쿡…

거짓말 마!

!!

그날 실험실에서 나오는 널 보고, 네가 뭔가를 알지도 모른다고 생각했던 건 사실이야. 오해해서 미안해. 사과할게.

허홍이 그날 실험실에서 나왔다고?

두근

너…….

뭐야. 저 눈빛은? 설마 너도 나를……?

뜨끔

난 아무것도 몰라! 아무것도 못 봤다고!

실험 기구를 찾다가 그냥 나왔어! 그게 다야!

!!

아니, 그게
아니라……

쳇! 내가 그런
일을 꾸몄던들,
고작 너희 같은
조무래기들
이기려고
그랬겠냐?

야!

너 거기
안 서!

왜 막아!

범인을 그냥
보내 주면
어떡해!

란이야, 걱정 마!
오빠가 해결해
줄게!

아냐,
모두
오해인걸.

……

47

에릭이 우리 의견을 받아들였어!

재결합을 축하하는 폭죽 발사!

팡

정말이지? 그럼 내일 같이 실험하는 거 맞지?

어려운 결정 해 줘서, 고마워!

그래!

또 마음 바뀌면 그땐……

빠직

진짜다! 마음 바뀌면 안 돼!

하하하

얘기 끝났으면 이제 실험실로 갈까? 연습 실험 더 해야 하지 않나?!

그래. 어쩌면……

스윽

가능한 일일지도 모르지.

어? 벌써 달이 떴어!

이 사진과 똑같지?

저것 봐!

응, 그렇네.

이건, 그냥 달 사진이 아니야.

달의 지형이 고스란히 드러나 있잖아. 한마디로 지도인 거지!

어두운 부분은 굳은 용암으로 이루어진 거대한 평원으로, 달의 바다라고 불러.

그리고 비교적 밝은 부분은 달의 대륙이야. 대륙에 분포된 암석들에 칼슘이 많이 함유되어 있어 밝게 보이는 거래.

물과 공기도 없는 달에 지형이 있다니, 놀랍지 않아?

둥글게 움푹 패인 이곳은 운석의 충돌로 생긴 크레이터고.

신기하지?

그치?

신기하네.

흠~.

흣

여기서 중요한 사실, 한 가지!

달에는 공기가 없어서 지구에 있는 세 가지가 없어!

뭔지 알아?

첫 번째, 소리!

두 번째, 바람!

세 번째, 하늘의 색!

공기의 진동으로 전달되는 소리가 존재하지 않는다.

묵묵

공기의 흐름으로 생기는 바람이 없다.

공기에 의한 빛 반사로 대기가 푸르게 보이는 현상이 나타나지 않는다.

범우주, 어때? 굉장하지?

우아, 굉장한걸!

난 상상도 못했네.

뭐야? 저 영혼 없는 대답은~.

원소 넌, 알고 있지?

달에는 바람과 물에 의한 침식 작용이 없다는 거 말이야!

아…….

응…….

그래서 1969년에 아폴로 11호를 타고 인류 최초로 달 표면에 도착한 우주인의 발자국이 아직도 남아 있대!

40년이 지난 지금까지 말이야. 지구에서는 상상도 할 수 없는 일이지.

참, 달에도 중력이 있다는 건 알아?

하지만 달의 중력은 지구의 6분의 1밖에 되지 않아.

…….

그래서 달에 가면 캥거루처럼 폴짝폴짝 뛰면서 걷게 된대!

……

난 아무것도 못 봤어!

그 녀석 뭔가 알고 있는 게 분명해!

둥실

둥실

에릭도 뭔가 있는 게 확실한데……

잠깐!

드디어 내일이구나!

허훙까지 이상한 소릴 하는 걸 보면……

내가 그런 짓을 꾸몄다면 최소한 한별초는 정도는……

그래! 다음 대결과 관련 있는 거야!

태양초와 한별초의 대결!

두근

왜 그런지 궁금하거든!

아, 뭐?

뭐야, 그럼 하나도 안 듣고 있었던 거야? 너 점점 우주 닮아 간다.

달 탐사 말이야. 돈이 어마어마하게 들 텐데, 계속 시도하는 이유가 뭔지 아냐고?

뭐, 뭐야?

무슨 일이길래 저러지? 아무래도 수상해.

가만히 책상에 앉아 있을 녀석이 아닌데!

좀 전까지 내내 무언가를 열심히 적고 있었어.

그렇다면, 어딘가에 흔적이 남아 있을⋯⋯.

이건!!

당장······.

범우주
잡아!

갈릴레오 갈릴레이(Galileo Galilei)

이탈리아의 천문학자이자 물리학자인 갈릴레이는
손수 만든 천체 망원경으로 달의 표면을 관측해
천문학 발전의 토대를 마련했습니다.
수학과 교수였던 그가 천문학에 관심을 갖게 된 것은
1609년 직접 망원경을 만들어 달을 관측하기
시작하면서부터입니다. 이 시기 사람들은 달의 표면이
매끄럽고 윤이 나는 형태라고 믿어 왔지만,
갈릴레이에 의해 달에도 지구와 같이 산과 협곡들이
있어서 표면이 울퉁불퉁하다는 것이 밝혀졌습니다.
갈릴레이는 이뿐만 아니라 목성에도 지구의 달과 같은
위성이 있다는 것을 발견하였고, 이 내용을 담아

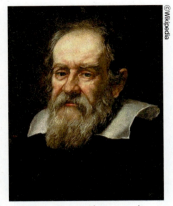

갈릴레오 갈릴레이(1564~1642)
태양을 중심으로 다른 행성들이
그 주위를 공전한다는 지동설을
주장했다.

1610년 〈별 세계의 보고〉를 발표하였으며, 1611년에는 태양의 흑점을 발견하기도
했습니다. 이어 1632년에는 태양을 중심으로 지구가 돈다는 지동설을 뒷받침하는
〈프톨레마이오스와 코페르니쿠스의 2대 세계 체계에 관한 대화〉를 발표하였으나,
모든 천체는 지구를 중심으로 돈다는 천동설을 지지하는 종교 지도자의 반박으로
로마 교황청 종교 재판에서 유죄 판결을 받게 됩니다. 그로 인해 갈릴레이는 지동설
포기 서약을 하게 되지만, 법정을 나오면서
'그래도 지구는 돈다.' 라고 혼잣말을
했다고도 전해집니다. 그는 이후에도 별에
대한 연구를 멈추지 않았으며, 그가 남긴
수많은 업적은 천문학 분야의 발전에 크게
이바지하였습니다.

갈릴레이는
그림도 잘 그리네~!

갈릴레오가 그린 달 표면 스케치

8개월간의 우주 비행 끝에 드디어 화성에 도착했다!

쥐 최초로 화성을 밟는 데, 성공!

박사님 조수라는 것이 처음으로 자랑스러워요.

지금 당장 화성에 대한 자료를 채취할게요!

먼저, 중력은 지구의 6분의 1이고~.

대기가 없어서, 낮에도 하늘이 검게 보이네요!

그리고 땅은 회색빛 흙먼지로, 발자국이 그대로……?

우주인 발자국

이제 보니 모든 환경이…….

이곳은 화성이 아니라 달이잖아요!

다, 달에 도착한 쥐도 기록적이지 않나?!

8일이면 왕복할 수 있는 달에 8개월 만에 도착한 기록이겠죠!

지구 그림자에 잠긴 달!

척

저벅

저벅

성큼

성큼

저벅

저벅

저벅

허홍의 방이
4층이던가?

아!

야! 허홍!

도전장!
허훙, 봐라!
너의 무식…….

파

쫙

쫙

쫙

뭐야, 너!

그걸 몰라서
물어…?

스으으

깽

덜덜덜

보자 보자 하니까
이게 대체 무슨 행패야?
바쁜 사람들 붙잡고!

어린애 장난
받아 줄 시간
없거든!

그러고 보니 우린 한 번도 일대일 대결을 한 적이 없지, 아마?

늘 의식적으로 피해 왔어. 왜냐하면…….

어?

멈칫

네가 나에게 지는 게 두려웠거든.

쿵

!!

너도 그래서 피한 거잖아.

안 그래?

두근

혹시 아직도 두려워? 나한테 질까 봐?

이 방법이
통할지는 모르겠지만,
한번 해 보자!

실습실D

둥...

원소가 직접 대결을
제안했다고?

응,
남자들끼리
청산할 게
좀 있거든!

훗...

내 대타로
나가는 거니까,
내 얼굴에
먹칠하지 않도록
제대로 하라고!

흥

찰칵

찰칵

74

대결 주제는 너희가 적은 주제에서 제비뽑기로 정할게.

그리고 실험 순서는 주제가 당첨되지 않은 팀이 정하는 걸로!

B팀

주제 A팀

순서는 내가 정한다!

그래!

추천 수 10회

추천 수 100회

그 다음에는 두 사람의 실험을 각각 영상으로 찍어 실험 대회 홈페이지에 올려서,

한 시간 동안의 추천 수로 승패를 정하자!

이만하면 공정하게 평가가 될 거야! 모두 동의하지?

얼굴로 승부해!

좋아!

훗

응, 와 줘서 고마워! 제삼자의 입장에서 대결을 공정하게 진행해 줄 사람이 꼭 필요했거든.

잘 부탁해!

뭘, 나야말로 고맙지! 이런 특종을 취재하게 됐으니~.

바로 '달' 입니다!

캬~

우아!
내 거다!

하루 종일
달이구먼~!

달?!

새벽초가 제시한 주제가
선정되었으니, 실험 순서는
태양초의 허홍이 정하도록 하겠습니다.

실험을 다 끝마친 다음에
동영상을 올린다고 쳤을 때,
먼저 찍은 사람의 것이
조금이라도 빨리 올라가게 돼.
아무리 적은 확률이라도 몇 초가
승부를 좌우할 수 있어.
게다가……

결정하셨나요?

77

……

순서가 늦어지면 실험 내용이 겹칠 수 있어. 실험 선정에 제약이 생긴다!

그렇다면…….

내가 먼저 하지.

난 이미 실험을 결정했거든!

저벅
저벅
저벅

네, 그럼 먼저 허홍 학생의 실험입니다.

본격적인 실험에 앞서 준비물을 챙기고 있는데요, 어떤 실험이 될지…….

달그락

석고 가루, 쟁반, 돌멩이, 핀셋, 물이 담긴 분무기를 가져왔군요.

꿀꺽...

어떤 실험인가요? 직접 설명 부탁드립니다.

아, 네. 저는 집에서도 쉽게 구할 수 있는 재료들로 실험을 진행할 건데요……

예쁘게 봐 주세요~!

부들 부들

에헷♥

안 돼! 웃지 마! 지려고 마음먹은 거야?

얼굴로 승부하면 백전백패라고!

쿡...

무, 무슨 소리가 들리는 것 같은데……

그럼 난 단 한 번도 달의 뒷면을 못 봤다는 얘기?

내 뒷모습은 못 보여 줘!

달의 감춰진 면을 볼 수 없는 것처럼!

그럼 그때 그 말이…….

진짜였구나!

처음부터 이렇게 설명했으면 얼마나 좋아?! 머리에 쏙쏙 들어오는구먼!

쳇…

?!

항상 지구를 향해 있는 면은 달의 앞면이라고 합니다.

스윽

특별히 어둡게 보이는 부분은 바다, 밝게 보이는 부분은 대륙이지요.

대륙

바다

쏙

크레이터

달에는 움푹 파인 큰 구덩이가 많은데, 이것을 크레이터라고 부릅니다.

헤…

그럼 아까 지만이가 보던 달 사진은 달의 앞면이었구나!

와~

그럼 달의 뒷면은 어떤 모습일까요?

이렇게…….

앞면과는 조금 다릅니다. 뒷면은…….

크레이터가 훨씬 많습니다.

그 이유는 지금까지 설명한 달의 자전에 있습니다.

그것을 이해하기 위해,

지금부터 크레이터가 생기는 과정을 실험으로 알아보겠습니다.

척

석고가루

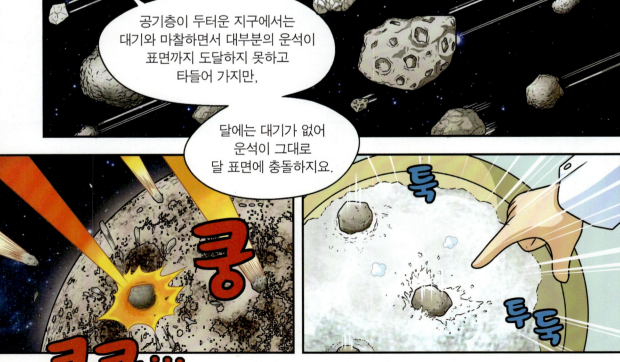

이때 엄청난 에너지가 방출되며 구덩이가 형성됩니다. 그리고 이것이 서서히 가라앉으면서,

주위가 솟아오른 구덩이 형태의 운석구가 되지요.

이것이 바로 크레이터입니다.

슈욱

운석 충돌.

펑~

충돌로 인한 파편 및 에너지 방출.

ㅅㅅㅅ

분해된 운석과 표면이 내려앉음.

둥…

이렇게 만들어진 크레이터는 시간이 지나도 처음 모습 그대로 유지되는데, 달에 대기가 없기 때문이지요.

움푹 파인 석고 가루에 물을 뿌려 그대로 굳히는 것도 같은 맥락입니다.

이것으로 크레이터 만들기는 끝입니다.

그런데 여기서 한 가지 더 생각해 볼 것이 있습니다.

와아아

브라보! 최고야!

완벽한 실험이었어!

찡긋 ♥

좋아.

허흥 건 마쳤고…….

끙…

이 굴욕 사진은 엄청난 감점거리야.

멍칫

정신 차려! 넌 지금 적을 응원하고 있다고!

나, 나도 모르게 그만…….

헉

란이의 복수를 위해서라도!

이번 대결은 꼭 이겨야 한다고!

강원소! 우리 작전은 무조건 얼굴이야. 너의 유일한 무기, 살인 미소 알지?

팡 팡

저리 비켜!

휙

팡 팡

그래! 오늘은 월식이 일어나는 날이니까!

오늘이?

물론 진짜 천체 망원경에 비하면 확대율이 낮고, 상이 거꾸로 맺히지만,

척

이걸로도 달의 표면은 어느 정도 관측할 수 있어.

스윽

이거 찍힐까?

끄덕

아, 어! 한번 해 볼게!

지잉 …

지이이 …

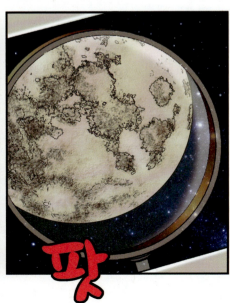

팟

봐! 월식이
시작되고 있어!

두둥…

괴, 굉장해!

인류의 도전, 달 탐사

공상 과학으로만 여겨졌던 우주 탐사는 1957년 소련의 인공위성 스푸트니크호가 성공적으로 발사되면서 현실 가능한 꿈이 되었습니다. 이로써 인류의 삶이 우주까지 확장된 것입니다. 불가능을 가능케 하는 달 탐사에 대해 살펴봅시다.

달 탐사의 역사

탐사선을 이용한 달 탐사는 1958년 미국이 무인 탐사선 파이어니어 1, 2, 3호를 발사하면서 본격적으로 가속화되었습니다. 하지만 아쉽게도 그해 발사된 무인 탐사선은 모두 달 궤도 진입에 실패해, 다음 해 소련이 발사한 루나 1호가 최초로 달 궤도에 진입한 무인 탐사선이 되었습니다. 이어 1966년에는 루나 9호가 달 표면에 착륙하였으며, 1969년에는 미국의 유인 탐사선 아폴로 11호가 달에 착륙해 인류 최초로 지구 밖의 천체를 직접 탐사하는 데 성공하였습니다. 이들은 21시간 36분 동안 달에 체류하면서 표본을 채취하고, 여러 가지 탐사 장비를 설치한 후 무사히 지구로 귀환하였습니다. 그러나 이러한 달 탐사는 소련의 붕괴와 우주 탐사에 드는 막대한 비용으로 인해 90년대까지 침체기를 맞게 됩니다.

아폴로 11호의 탐사 과정

❶ 아폴로 11호를 실은 로켓 발사   ❷ 발사체에서 우주선 분리   ❸ 사령선에서 착륙선 분리

❹ 착륙선 달 착륙   ❺ 표본 채취 및 탐사 장비 설치   ❻ 달 궤도를 돌고 있던 사령선을 타고 지구로 복귀

달 탐사의 미래

미국은 2025년 완공 목표로 최소 6개월 이상 인간이 달에 거주할 수 있는 기지를 건설하는 '리턴 투 더 문(Return to the Moon)' 계획을 추진하고 있습니다. 이 계획에는 달에 기지를 건설하는 데 필요한 막대한 예산 때문에 여러 나라들이 공동으로 참여하는데, 우리나라도 이 우주 개발 계획에 참여하기로 하였습니다. 만약 달 기지가 세워진다면, 다른 행성 탐사를 위한 중간 기지이자 달의 다양한 자원을 가져올 수 있는 에너지 보급소 역할을 하게 될 것입니다.

달 기지 상상도

우리나라의 우주 탐사

우주 개발이 국가 경쟁력에 막대한 영향을 미치게 되면서, 우리나라도 우주 탐사를 위한 독자적인 위성 기술을 갖기 위해 장기적인 계획을 진행 중입니다. 2003년에 우주 발사체인 나로호 개발에 착수하여, 2013년 1월 30일 3차 시도 만에 나로과학위성(STSAT-2C)을 나로호에 실어 지구 저궤도에 쏘아 올리는 데 성공하였습니다. 이로써 대한민국은 자체 기술로 우주 발사체를 성공적으로 발사한 세계 11번째 국가가 되었습니다.

나로호 3차 발사

나로호는 향후 1년간 지구 타원 궤도를 103분에 1바퀴씩 하루 약 14바퀴를 돌며 우주방사선량과 이온층 등을 측정해 지구로 보내는 임무를 수행하게 됩니다. 또한 우리나라에서 개발한 레이저 발진기, 영상 센서 등과 같은 부품이 우주에서 제대로 작동하는지 검증하는 역할도 합니다.

이 밖에도 정부는 2018년경에는 실용 위성 발사를 위한 우주센터를 확충하고, 2020년경에는 독자적인 달 탐사를 목표로 하는 우주 개발 기본 계획을 수립하였습니다.

제4화

정정당당하게 승부해!

오오~, 벌써 추천 수가 올라가고 있어!

이제 시작이군!

걱정 마! 네 실험이 훨씬 수준 높았어!

흠~.

당연하지! 결과야 보나 마나 뻔한 거 아니야?!

빠직...

뭐라고?

뭘 모르는 소리! 이번 심사의 반은 여학생이라고 가정한다면,

50%는 이미 확보해 놓았으니, 무조건 원소의 승리라고!

척

휙

뭔가 반박할 수가 없다……

강원소, 미리 축하한다!

언제 또 볼 수 있을지 모른다고.

......

월식은 지금 놓치면,

조용히 좀 하지?

흥

월식은 1년에 여러 번 일어나는 거 아니었어?

맞아, 월식은 1년에 두세 번 정도 일어나. 일식은 2~5번으로, 그보다 좀 많고.

잠깐, 일식이라면 해가 달 그림자에 가려지는 거 말이지?

헤~

그렇지, 하지만 일식이나 월식은 일어날 때마다 볼 수 있는 게 아니거든. 다시 말해 인생에서 몇 안 되는 순간이라고.

헤…

일식과 월식은 모두 달의 공전에 의해 일어나는 천문 현상이야.

어째서? 왜?

그건……

우리나라에서는 1887년에 개기 일식을 볼 수 있었고, 다음 개기 일식은 2035년에 금강산 부근에서 관측이 가능할 거래.

헤···

그럼 월식은 왜 관측이 어려운 거야?

월식은 달보다 큰 지구의 그림자에 잠기는 거라 일식보다는 관측이 쉽지만,

오늘처럼 전 과정을 볼 수 있는 건 역시 어려운 일이야.

응, 월식은 약 두 시간에 걸쳐 일어나지만, 도중에 달이 져 버릴 수도 있거든.

그래서 우리나라에서 개기 월식의 전 과정을 볼 수 있는 건, 10년에 한 번 정도가 될까 말까라고.

척

그렇다면!

척

오늘은 절대 놓칠 수 없는 기회군!

추천 수는 허홍, 17회!

강원소 대 허홍의 친선 대결은 강원소의 승리로 돌아갔습니다!

와~

강원소, 35회!

원소야~, 우리가 이겼어!

휙

왜 우리야?

네가 이렇게 사랑스러운 아니, 자랑스러운 날이 오다니…….

축하해! 원소야!

얼굴 치워!

자, 자!

네가 이겼으니 이제 허홍에게 원하는 걸 말할 차례야!

쿡…

강원소, 이 의리 없는 녀석!
기필코 어제의 설움을 갚아 주마!

사실이 그렇잖아!

이거 놔!

여기서 중요한 사실은 강원소가 내 계획을 망쳤다는 거잖아!

속닥

속닥

속닥

불끈

어제 동영상 봤어?

웅성

웅성

너, 새벽초 실험반 맞지?

와~

아!

이런 행운이 있다니!

후

아! 이런, 알아봤구나?

맞아, 그런데 왜? 혹시 사인이라면 기꺼이……

그런데 말이야……

오늘 원소도 오니?

언제 와?

지금은 어디 있어?

오면 얘기 좀 해 줄래?

크윽…

뭐야! 강원소 팬이었어?!

친구, 여기야!

둥…

아, 우주야.

급한 일 있어서 먼저 간다더니.

아무래도 대결은 함께 보는 게 좋을 것 같아서 기다렸어.

척

날 따라와. 좋은 자리를 맡아 뒀거든.

그쪽보다 저쪽이 더 잘 보일 것 같은데…….

저벅, 저벅

어느 자리든 상관없어.

그럼~! 그러니까 날 따라오라고.

헤헤…

조용히 해.

이쪽이야, 이쪽!

하하하

바로 저 위가 명당이야!

비상구

대기실
한별초등학교

......

......

이제 곧 입장할 시간이야.

너희는 걱정 마. 내가 알아서 할 테니까.

아, 응!

꿀꺽

저…….

머뭇 머뭇

응?

내, 내가 보고서를 일부러 틀리게 쓰면 될까?

아니면 실험 도중에 실수를 하거나…….

그것도 아니면 쓰러지는 건 어때?

뭐……?

넌 뭘 그런 걸 묻냐!

실은 나도 한 가지 생각해 뒀는데,

몰래 마법 도구를 가져가서…….

그, 그래도……

넌 빠져!

팡

너희들, 잘 들어. 오늘 내 작전은…….

철컹

어이쿠, 이런! 실수…….

대

한별초

이거 미안하게 됐군.

여기가 한별초 대기실이었나?!

!!

참, 가설 선생님이 대결장에 도착했다더구나.

위원회는 두 시간 후에 소집되는데, 일찍 온 모양이야.

훗...

그러시군요.

잘되었네요.

122

간이 천체 망원경 만들기

	실험 보고서
실험 주제	볼록 렌즈 두 개로 간이 천체 망원경을 만들어 멀리 있는 물체를 보다 자세히 관측해 봅니다.
준비물	❶ 검은색 골판지 2장 ❷ 볼록 렌즈 2개(각 지름 50mm, 75mm) ❸ 30cm 자 ❹ 칼 ❺ 접착테이프 ❻ 풀 ❼ 양면테이프 ❽ 가위 
실험 예상	볼록 렌즈 두 개가 각각 대물렌즈와 접안렌즈 역할을 하여 멀리 있는 물체를 더 크고 자세히 관측할 수 있을 뿐 아니라, 굴절 망원경의 원리를 이해할 수 있을 것입니다.
주의 사항	❶ 종이를 오릴 때 칼이나 가위에 손이 베이지 않도록 주의합니다. ❷ 간이 망원경으로 태양을 직접 관측해서는 안 됩니다. ❸ 물체의 상을 선명하게 잡을 수 있게, 접안렌즈 경통이 잘 움직이도록 합니다.

실험 방법

❶ 골판지를 너비 10cm 정도로 잡아 길게 자릅니다. 이때 자르는 선이 골과 수직 방향이 되게 합니다.

❷ 다른 골판지의 골이 있는 면에 지름 75mm 볼록 렌즈를 고정할 홈을 만듭니다. 이때 홈을 만드는 선이 골과 수직 방향이 되게 합니다.

❸ 홈을 낸 부분에 양면테이프를 붙이거나 풀을 바릅니다.

❹ 홈에 볼록 렌즈를 끼운 뒤, 긴 원기둥이 되도록 골판지를 말고 겉면에 접착테이프를 붙여 대물렌즈 경통을 만듭니다.

❺ 같은 방법으로 지름 50mm 볼록 렌즈를 끼워 접안렌즈 경통을 만듭니다.

❻ ❶에서 만든 골판지의 골이 없는 면에 양면테이프를 고루 붙입니다.

❼ ❻에서 만든 골판지를 접안렌즈
경통의 윗부분과 아랫부분에
감아, 접안렌즈 경통이 대물렌즈
경통에 딱 맞게 들어가도록 합니다.

❽ 접안렌즈 경통을 대물렌즈 경통에
넣고 움직여 봅니다.

실험 결과

두 개의 볼록 렌즈를 사용한 굴절
망원경으로 멀리 있는 물체를 보면,
맨눈으로 보는 것보다 좀 더
정밀하게 관측할 수 있습니다.

왜 그럴까요?

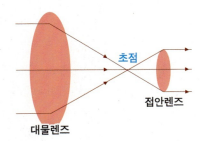

초점

접안렌즈

대물렌즈

밤에 맨눈으로 달을 관찰해도 달 표면의 밝은
부분과 어두운 부분, 즉 대륙과 바다를 구분할 수
있습니다. 하지만 간이 천체 망원경을 이용하면
달 표면의 크레이터들까지 관찰할 수 있습니다.
실험에서 만든 간이 천체 망원경은 두 개의 볼록 렌즈를 이용한 것으로, 대물렌즈에
빛이 모여 물체의 상이 맺히면 이것을 접안렌즈로 확대하여 관찰하는 것입니다. 이때
빛의 굴절로 물체의 상이 거꾸로 맺히게 되어, 이 망원경은 굴절 망원경으로
분류됩니다. 굴절 망원경은 상이 또렷하게 맺혀 태양과 달, 행성 관측에 적합해
천체 관측용으로 이용되고 있습니다.

파

기필코 새로운 에너지를 찾아야 해! '헬륨 3' 같은 엄청난 에너지를!

박사님, 온도 조절 우주복을 입었는데도 너무 더워요.

헉 헉 헉

당연하지. 달은 27.3일에 한 번 자전하니, 달의 낮은 무려 14일 동안 계속되거든.

그때는 태양 빛을 엄청나게 받아 130°C까지 온도가 올라가지.

이러다 통구이 쥐 되겠어요!

컥!

헬륨 3, 헬륨 3!

이것만 찾으면······.

둥

두

그렇다면 지금 지구에서는 지구 그림자에 달이 잠겨 월식이 일어나고 있겠군.

와아아

후···.

지구가 태양을 가렸어요.

박사님, 달도 아름답지만 공기와 물이 있는 지구가 그리워요. 이만 돌아가요.

새로운 에너지를 찾기 전에는 절대 돌아갈 수 없다!

울먹

어째서요?

8개월 동안 우주를 떠돌면서 연료를 다 써 버렸거든!

진작 말씀 하셨어야죠!

제5화

함정에 빠진 실험반은?

......

원심력이라…….

뭔가 떠오르는 것
같기도 하고…….

원은
아는데,

…심력은
뭐지?

분명 언젠가
들었던 것
같은데…….

끙~

!!

움찔

퍼뜩

뭘 보시나?
기분 나쁘게!!

아!

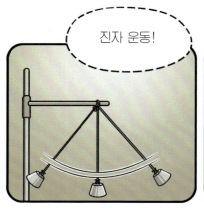

진자 운동!

추에 줄을 매달아 고정하고, 이것을 한쪽에서 잡았다가 놓으면, 한 점을 중심으로 운동을 하지.

태양계의 행성들도 이 운동처럼 일정한 힘에 의해 태양 주위를 돌고 말이야.

그러니까 원심력은…….

태양 주위를 도는 행성 안의 물체가 원 중심 밖으로…….

부들 부들

곰곰…

그래, 맞아. 원심력은 원운동하고 있는 물체 속, 또 다른 물체에 나타나는 관성이야.

와~

물이 든 통을 빠르게 돌리면 통 안에 든 물이 원 바깥으로 나가려는 것처럼 말이야.

지구에서 밀물과 썰물이 나타나는 것도 이 원심력 때문이고.

인력 원심력

말도 안 돼!

밀물과 썰물은 태양과 달이 지구를 끌어당기는 인력 때문에 생기는 거라며?

강원소, 왜 얘기가 달라?

발끈

시끄럽거든!

야, 원숭아!

틀리게 얘기한 적 없어!

너 거짓 정보를 준 거였어?

달과 지구가 마주 보는 곳에는 달이 지구를 끌어당기는 인력, 그 반대편에는 지구의 자전으로 생긴 원심력이

바닷물을 끌어당겨 밀물이 생기는 거야.

인력   원심력

그, 그래?

그럼……, 반대쪽이 원심력?

물론 여기에는 태양의 힘도 작용해.

하지만 달이 지구와 더 가까이에 있기 때문에 달의 인력이 더 결정적인 역할을 하는 거야.

반대로 태양과 달, 지구가 직각을 이루면 인력이 서로 다른 방향으로 작용해 조차가 눈에 띄게 작아져.

사리

조금

만약, 태양과 달, 지구의 위치가 일직선 상에 놓이면,

태양과 달의 인력이 같은 방향으로 작용해, 바닷물이 차올랐다가 빠져나가는 조차가 가장 커져. 이 시기를 사리라고 하지.

이 시기를 조금이라고 해.

뭐라는 거냐?

위치가 어쨌다고?

둥실‥

둥실‥

국수 한 사리 추가……?

왜 저 녀석은 모르는 게 없지?

어떻게?!

어떻게 저걸 다 기억하고 사냐고…….

꺄아악~

녹음이라도 해 둘걸!

설명이 귀에 쏙쏙 들어와.

나도 실험반에 받아 줘!

원소 목소리를 이렇게 길게 듣다니~.

어머머머머

이봐, 적당히 좀 하지? 실험 대결 중이잖아!

너희 때문에 오늘 대결 제대로 못 보면 책임질 거야?

휙

어머, 지금 저 원숭이가 뭐라니?

원소 님 안 보이니까, 좀 비켜 줄래?

띵~

은혜를 원수로 갚다니!

투덜

투덜

투덜

투덜

누가 강원소 팬 아니랄까 봐!

아! 실험 준비가 끝났어.

그러니 잘 들어 둬. 오늘 우리는…….

꼭 승리하는 거야!

원래 하던 대로 최선을 다하면 돼! 알겠지?

우리도 그러고 싶어! 하지만…….

그렇게 되면 가설 선생님은…….

우리 때문에 포기하면, 넌…….

너에게 무엇보다 소중한 선생님이잖아. 그런데 우리가 어떻게…….

저 아이들…….

흠~.

아직도 갈등하고 있는 것 같은데요?

혹시 어제 월식 보셨습니까?

네?

훗

기다려 보십시오!

이집트 신화에 월식에 대한 이야기가 있지요.

원래 태양과 달은 호루스라는 신의 두 눈이었으나,

악의 신에 의해 달을 상징하는 왼쪽 눈을 잃게 되지요.

하지만 호루스는 지혜의 여신, 토트의 도움으로 다시 빛을 찾게 됩니다. 그래서 호루스의 왼쪽 눈은 행운의 힘을 상징한다지요.

141

이것이 달이 사라졌다가
다시 나타나는 월식의 신화입니다.

스스스스…

그런데
그게 왜……?

우리에게 행운이
깃들기 위해서는
이전의 달이 과감히
사라져야 하는 법!

이것이 바로
한별초의
운명이지요.

하지만
저 아이들이
다른 마음이라도
먹으면…….

네?
그 말은…….

그건 우리와는
아무 상관이 없습니다.
왜냐하면…….

이 사실을 아는 것만으로
저 아이들은 이미 함정에
빠졌으니까요.

후…

으음~.

그래, 너희가
내 뜻과는 다른 결정을
내렸을 수도 있겠지.
하지만…….

아!

틱

핑

ㅋㅋㅋㅋ

승부 조작이라는 올가미에
걸린 이상…….

ㅅㅅㅅㅅ

절대 그 심리적 부담감에서
자유로울 수 없을 게다!
이것이 진짜 나의 함정이다!

자, 잡았다!

?!

에릭! 네 마음은 알겠지만, 우린 널 돕고 싶어……

스윽

144

아, 알겠어!

우리도 최선을 다할게!

꾸욱

두근

끄덕

다행히 실험물은 손상되지 않았습니다.

네, 정말 다행입니다.

그런데 무슨 실험을 하는 거죠? 도르래를 만드는 것도 같고…….

그렇군요. 도르래는 바퀴에 끈이나 체인 등을 걸어 힘의 방향을 바꾸거나 힘의 크기를 줄이는 데 사용되는 대표적인 도구죠.

크기가 다른 바퀴를 사용하는 것으로 봐서, 속도의 차이를 이용하려는 것 같습니다.

같은 크기의 바퀴라면 한쪽 바퀴가 한 번 돌 때, 다른 바퀴도 한 번 돌아갑니다. 하지만 지금처럼 지름 차이가 나는 바퀴를 돌리면, 큰 바퀴가 한 번 돌 때 작은 바퀴는 여러 번 돌게 되지요.

148

150

일식 · 월식 실험

실험 보고서	
실험 주제	지구본, 스티로폼 공, 스탠드를 이용하여 일식과 월식이 일어나는 원리를 이해합니다.
준비물	❶ 지구본 ❷ 스티로폼 공 ❸ 전등갓이 없는 스탠드 ❹ 막대
실험 예상	일식과 월식이 발생하는 데 태양, 지구, 달의 위치가 어떤 영향을 미치는지 알 수 있을 것입니다.
주의 사항	❶ 충분히 어두운 곳에서 실험합니다. ❷ 전구는 금방 뜨겁게 달궈지기 때문에, 절대 손으로 직접 만지면 안 됩니다. ❸ 스탠드와 지구본, 스티로폼 공이 동일한 높이에 오도록 합니다.

실험 방법

❶ 스탠드와 스티로폼 공, 지구본을 순서대로 놓고 그림자를 관찰합니다.
   이때 스탠드는 태양, 스티로폼 공은 달, 지구본은 지구의 역할을 합니다.
❷ 이번에는 스탠드와 지구본, 스티로폼 공을 순서대로 놓고 그림자를
   관찰합니다.

실험 결과

태양과 지구 사이에 달이 오면 달의 그림자가 태양을 가려서 태양이 보이지
않게 됩니다. 이것이 일식입니다. 반면 태양과 달 사이에 지구가 들어가서,
지구의 그림자가 달에 비쳐 달이 어두워지는 현상이 바로 월식입니다.

왜 그럴까요?

일식과 월식은 태양, 지구, 달의 위치에 따라 그림자의 위치가 달라지면서 생기는
현상입니다. 태양이 달의 그림자에 의해 보이지 않게 되면 일식, 달이 지구의
그림자에 가려 보이지 않게 되면 월식이라고 합니다. 이때 달이 태양을 완전히
가리면 개기 일식, 부분적으로 가리면 부분 일식, 태양의 가운데 부분만 가려
태양의 테두리만 보이는 것을 금환 일식이라고 합니다. 일식은 1년에 보통
2~5회까지 일어나지만 관측자가 달 그림자 속에 완전히 들어간, 극히 한정된
지역에서만 관측이 가능합니다. 반면 월식은 일식보다 적은 횟수로 일어나지만
지구가 달보다 약 네 배 이상 크기 때문에, 밤인 지역이라면 어디에서나 볼 수 있어
일식보다 더 자주 관측됩니다.

제6화

에릭의 눈물

콰아아아

키이이잉

이때 롤러코스터에 탄 사람이 떨어지지 않는 이유는 바로 원심력 때문이야!

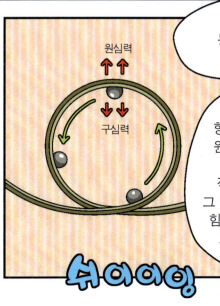

원심력

구심력

쉬이이잉

롤러코스터는 둥근 레일을 돌면서 원운동을 하는데,

이때 원의 중심을 향하여 작용하는 구심력과 원의 중심에서 멀어지려는 원심력의 크기는 같고 작용하는 방향은 반대라, 그 안에 타고 있는 사람들에게 힘의 효과가 나타나지 않지. 그래서 아래로 떨어지지 않는 거야.

원심력

구심력

콰콰콰콰

자!

그건······.

이제 진짜 원심력 실험을 할 차례야.

모두 준비됐지?

응, 물감을 물에 진하게 풀어 놓았어.

난 빨간색!

수욱

난 파란색!

난 노란색!

그럼 민호부터!

응!

끄덕

코르크 마개 위에서
돌고 있는 원반 속의
도화지에…….

물감을 조금씩
떨어뜨린다.

물감을 그냥
떨어뜨리기만 했는데,
순식간에 퍼졌어!

원심력

운동 방향

그럼 원심력으로
그림을 그린다,
이건가?!

물감이 원운동을
하고 있는 원반에 떨어지면서,
물감이 원 바깥으로 향하려는
원심력을 받아서 그런 거야.

응, 이런 방법으로
물감의 색을 달리하면
물감이 바깥으로 튕겨
나가면서 다양한
무늬가 새겨질 거야.

166

본선 4차전 대결은
한별초등학교의 승리입니다.

와 아 아 아

에릭!
해냈어!

그래!

짝 짝
짝 짝

본선에서
첫 승리야!

이길 줄
알았어!

멍…

자, 잠깐! 이게
어떻게 된 일이야?

오늘 분명히
우리가 승리하다고
했는데?!

으윽!

쿡…

꺄~

와~

우주야, 표정이 왜 그래?

또, 또 보여…….

덜덜덜덜

보인다고? 뭐가?

저기 말이야! 가설 선생님이 또 나타났어! 너희는 안 보여?

저기, 복도 끝!

두둥

응?

세상에! 저 녀석 눈에도 보이나 봐. 가설 선생님한테 가고 있어!

저벅

저벅

지만아, 나 좀 꼬집어 줘! 이건 꿈일 거야~!

어버버

저벅 저벅

오버하지 마. 진짜 선생님 맞으니까.

뭐, 정말? 너도 보여? 그런 거야?

잘 가~!

완ㅅ 원

173

176

지구의 위성, 달

달은 지구에서 가장 가까이에 있어, 밤하늘에서 볼 수 있는 천체 중 가장 밝게 빛나며 우리에게 친숙한 존재입니다. 그래서 아주 오래전부터 신비하게 여겨졌고, 연구의 대상이었습니다. 지금까지 밝혀진 달의 특성에 대해 살펴봅시다.

달의 특징

달 탐사가 본격적으로 시작되면서 달의 크기, 중력, 그 밖의 특징 등이 밝혀졌습니다. 달의 반지름은 약 1,738km로 지구의 4분의 1 정도이며, 질량은 지구의 약 80분의 1에 해당합니다. 달의 중력은 지구의 6분의 1밖에 되지 않아, 달에서는 지구에서보다 몸무게가 적게 나갑니다. 또 달에는 물과 공기가 없어서 침식 작용이 거의 일어나지

달 표면에 찍힌 우주인의 발자국

않습니다. 그래서 1969년에 아폴로 11호에 타고 달에 발을 딛은 암스트롱의 발자국이 지금까지도 달 표면에 고스란히 보존되어 있는 것입니다.

달의 표면

달 표면에는 밝은 부분과 어두운 부분이 있습니다. 밝은 부분은 달의 바다, 어두운 부분은 대륙이라고 합니다. 달의 바다는 지형의 굴곡이 심한 대륙에 비해 평평한데, 이것은 과거에 있었던 화산 활동의 결과입니다. 용암이 낮은 곳에 흘러들면서 운석구를 덮어 지형이 매끈하게 변한 것입니다. 운석구는 달 주위를 지나는 운석들이 달과 충돌하면서 만들어진

달의 크레이터

것으로, 크레이터라고도 합니다. 이것은 크기가 매우 작은 것부터 지름이 200km 이상인 매우 큰 것까지 다양하며, 달의 대륙에 많이 분포되어 있습니다.

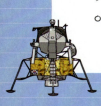

달의 공전과 자전

달의 모양 변화를 기준으로 한 공전 주기를 삭망월이라고 합니다. 삭망월은 달이 지구를 공전하면서 삭에서 다음 삭까지 또는 망에서 다음 망까지 이르는 시간을 말하며, 약 29.5일입니다. 항성월은 별을 기준으로 정한 달의 공전 주기입니다. 달이 기준이 되는 어떤 별을 출발하여 다시 그 별의 위치로 돌아오는 데까지 걸리는 주기로, 약 27.3일입니다.

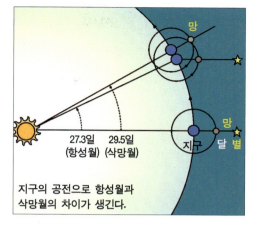

지구의 공전으로 항성월과 삭망월의 차이가 생긴다.

삭망월과 항성월의 주기가 다른 것은 삭망월에 지구의 공전 효과가 포함되었기 때문입니다. 또 우리는 항상 달의 같은 면만 보게 되는데, 이것은 달의 공전 주기와 자전 주기가 같고 공전 방향과 자전 방향이 같기 때문입니다.

달의 위상 변화

달은 스스로 빛을 내지 못하고 태양으로부터 빛을 받아 반사하므로, 지구에서 보았을 때 달의 공전으로 태양, 지구, 달의 위치가 변함에 따라 달의 모양이 변합니다. 이것을 달의 위상 변화라고 합니다. 달의 위치에 따른 모양과 명칭을 그림으로 확인해 봅시다.

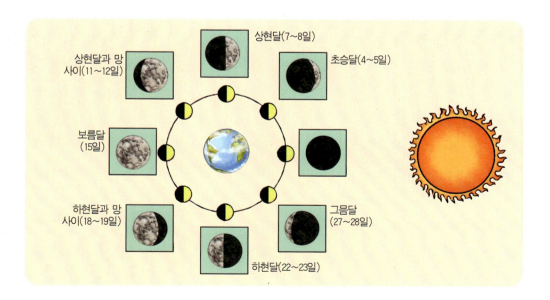

생각을 뒤집는 **역발상 발명품**
그 속에 숨은 **핵심 과학 원리**를 찾아라!

최신간!

본격 대결 과학발명 만화
내일은 발명왕

5 생각을 뒤집는 발상
글 곰돌이 co. | 그림 홍종현
감수 박완규 서울광진중
황성재 KAIST 발명 동아리 회장

아이세움

발명 천재, 고수초의 왕자님 등 각종 소문의
주인공인 한대범! 그러나 브레인스토밍 아이디어부터
발명품까지 그의 발상은 황당하기만 하다.
한편, 이번 승패의 열쇠를 쥐었다는 온유한의 머릿속은
새하얗기만 한데…….

글 곰돌이 co. | 그림 홍종현 | 값 11,800원
감수 박완규 서울광진중, 황성재 KAIST 발명 동아리 회장

세워서 드는 달걀판,
물이 필요 없는 반신 욕조 등
반대로 하기 발명 기법을 이용한
생활 속 발명품을 만나 보세요!

노즐   투명
       고무관

막대 걸레와
분무기를 더한
유리창 청소기!

★ 발명 대결을 통한 '즐거운 과학'으로의 초대!
〈내일은 발명왕 5〉를 QR코드로 만나 보세요.

근간 예정 | 내일은 발명왕 ⑥ 관찰은 발명의 첫걸음

특별 선물

피스톤의 원리를 이용한
발명
키트
물 펌프 만들기

펌프가 물을 빨아올리고
내보내는 과정을 통해
피스톤의 과학 원리를 알아보아요!

〈내일은 발명왕〉 ❶~❹권
절찬 판매 중!

발명 대결로
즐거운 과학을
만나요!

아이세움 i-seum   서울특별시 서초구 잠원동 41-10 문의 | 전화 02)3475-3800 팩스 02)541-8249 i-seum@i-seum.com **www.mirae-n.com** (주)미래엔

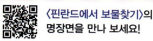

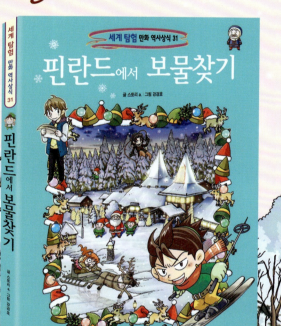

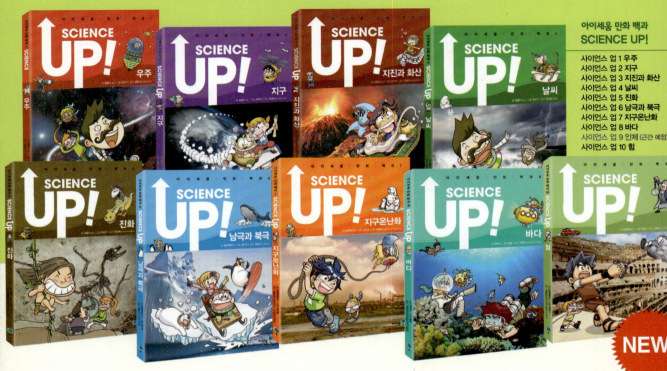

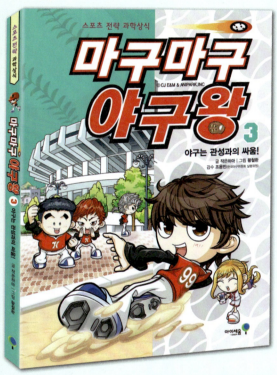